Dear Dr. Jain and Nandita

This BOOK is for you always
remember colors and feelings.
of São Paulo city.

São Paulo

cores e sentimentos
São Paulo colors and feelings

This BOOK will help you understand
better the city of São Paulo.

Best regards

Delma

São Paulo - 10/21/06

Todos os direitos desta edição cedidos
Escrituras Editora e Distribuidora de Livros Ltda.
Rua Maestro Callia, 123 - Vila Mariana - 04012-100
São Paulo, SP - Telefax: (11) 5082-4190
e-mail: escrituras@escrituras.com.br
site: www.escrituras.com.br

Dados Internacionais de Catalogação na Publicação (CIP)
(Câmara Brasileira do Livro, SP, Brasil)

Castanho, Eduardo
    São Paulo: cores e sentimentos = São Paulo: colors and feelings
/ Eduardo Castanho [fotos e textos/photos and text]; coordena-
ção editorial/editorial coordination Raimundo Gadelha,
tradução Mark Ament (Inglês), Juan Figueroa (espanhol),
Luciano Loprete (francês). – 4. ed. – São Paulo: Escrituras
Editora, 2006.

    ISBN: 85-7531-030-5

    Edição poliglota:
    português/inglês/espanhol/francês

    1. São Paulo (SP) – Descrição 2. São Paulo (SP) –
Fotografias I. Castanho, Eduardo. II. Gadelha, Raimundo.
III. Título: São Paulo: colors and feelings.

04-4893   CDD-779.998161

Índice para catálogo sistemático:

    1. Fotografias: São Paulo: Estado 779.998161
    2. São Paulo: Estado: Fotografias 779.998161

Impresso no Brasil
Printed in Brazil

EDITOR
Raimundo Gadelha

COORDENAÇÃO EDITORIAL
Helena M. Uehara

ASSISTÊNCIA E PRODUÇÃO FOTOGRÁFICA
Eliana Lopes

PROJETO GRÁFICO
Bianca Saliba

EDITORAÇÃO ELETRÔNICA
Ricardo Siqueira, Elisa M. B. Torres
e Vera Andrade

TRADUÇÃO
Mark Ament (inglês)
Juan Figueroa (espanhol)
Luciano Loprete (francês)

REVISÃO
Edna Adorno

ESCANEAMENTO E TRATAMENTO DE IMAGEM
Paper Express

IMPRESSÃO
Lis Gráfica

São Paulo

cores e sentimentos
São Paulo colors and feelings

Eduardo Castanho

São Paulo, 2006

4ª edição

Este livro é o resultado de uma idéia feliz, realizada com talento e bom gosto, fazendo dele uma obra de arte digna desse nome.

Através de excelente fotografia (numa demonstração de que estamos vivendo de fato numa época em que ela deixou mesmo de ser uma arte menor), o livro apresenta um entrelaçamento de passado e presente que faz bem à alma de quem gosta de São Paulo. Beleza natural e selva de concreto, vistas neste livro, até que parecem conviver bem, embora fosse desejável, creio eu, mais natureza e menos concreto. Mas isso não é culpa dos autores do livro – eles nos apresentam a cidade de hoje, só que souberam mostrar que ainda estamos cercados de uma paisagem que me deu a sensação de passado, mas felizmente ainda existe. Souberam revelar que, no meio do concreto, existe palpitação de vida, como, por exemplo, os pedestres no Viaduto do Chá, ou a "livraria" com as mesas cheias de revistas.

Estão de parabéns os autores deste livro, ainda mais que pretendem que seja apenas o início de uma coleção. Assim sendo, novos prazeres nos esperam.

José Mindlin
Bibliófilo, empresário e escritor

This book is the result of a great idea, accomplished with talent and good taste, making it a work of art worthy of the title.

With its excellent photography (which comes to show that we are living in an age where photography is no longer a minor art), the book presents a blend of past and present – food for the soul of those who like São Paulo. Natural beauty and the concrete forest seem to coexist well, as shown in this book, despite, I believe, the desirability for more nature and less concrete. But that is not to blame on the authors of the book, who show us the city as it is today, and that we are still surrounded by views which bring up a feeling of the past, fortunately still in existence. They have shown that a breath of life remains amongst the concrete, such as, pedestrians on Viaduto do Chá (Tea Viaduct), or the "bookstore", with its table full of magazines.

Congratulations to the authors of this book, more so as they plan it to be the first of a collection. That stated, new pleasures await us.

José Mindlin
Bibliophile, businessman and writer

Este libro es fruto de una idea feliz realizada con talento y buen gusto, lo que hacen de él una auténtica obra arte.

A través de una excelente fotografía (que viene a demostrar que hoy en día ella dejó de ser un arte menor) el libro muestra el pasado y el presente de São Paulo entretejidos, para mayor satisfacción de quienes la amamos. Belleza natural y selva de hormigón, contempladas en este libro, hasta parecen convivir bien aunque sería deseable – a mi modo de ver – que la naturaleza primara sobre el hormigón. Pero, como es natural, esto no es culpa de los autores del libro. Ellos nos presentan cómo es la ciudad de hoy, y además supieron mostrarnos que aún estamos cercados por un paisaje que trae sensaciones del pasado, un pasado que felizmente sobrevive. Nos revelan que en medio del hormigón, la vida palpita, como así lo manifiestan los peatones en el Viaduto do Chá, o la librería con sus mesas repletas de revistas.

Están de enhorabuena los autores del libro, y más teniendo en cuenta que pretenden que sea éste el inicio de una colección. Sin duda, renovados placeres nos esperan.

José Mindlin
Bibliófilo, empresario y escritor.

Ce livre est le résultat d'une heureuse idée qui a été réalisée avec du talent et du bon goût, faisant de lui une œuvre d'art digne de ce nom.

Grâces à un excellent travail photographique (qui démontre que nous vivons réellement à une époque où la photographie n'est plus un art mineur), ce livre présente un entrelacement du passé avec le présent qui fait du bien à l'âme de ceux qui aiment São Paulo. La beauté naturelle et la jungle de concret qu'on observe dans cette œuvre semblent presque cohabiter en harmonie, encore qu'il serait à mon avis plus souhaitable qu'il y ait plus de nature et moins de concret.

Mais cela n'est pas la faute aux auteurs du livre – ils nous montrent la ville telle qu'elle est aujourd'hui. Seulement ils ont su montrer qu'on est encore entouré d'un paysage qui, tout en m'ayant donné la nostalgie du passé, heureusement existe encore. Ils ont su montrer qu'au sein du concret il y a une palpitation de vie: celle, par exemple, des piétons sur le Viaduc du Chá, ou de la "librairie" dont les tables sont couvertes de magazines.

Je tiens à féliciter les auteurs de ce livre, d'autant plus qu'ils prétendent que ce soit le début d'une collection. Ainsi on sait d'avance que de nouveaux plaisirs nous attendent.

José Mindlin
Bibliophile, chef d'entreprise et écrivain

Pátio do Colégio. Marco da fundação de São Paulo pelos padres jesuítas José de Anchieta e Manuel da Nóbrega, em 1554.

Pátio do Colégio. Landmark from the foundation of São Paulo by Jesuit priests José de Anchieta and Manuel da Nóbrega, in 1554.

Patio del Colegio, lugar de la fundación de São Paulo por los padres jesuitas José de Anchieta y Manuel da Nóbrega, en 1554.

Patio du Collège. Marque de la fondation de São Paulo par les pères jésuites José de Anchieta et Manuel da Nóbrega, en 1554.

Vista aérea da Avenida Paulista, inaugurada em 1891 e escolhida pela população, em 1990, como símbolo da cidade.

Aerial view of Paulista Avenue, inaugurated in 1891 and chosen by the population, in 1990, as the city symbol.

Vista aérea de la Avenida Paulista. Fue inaugurada en 1891 y elegida por la población, en 1990, símbolo de la ciudad.

Vue aérienne de l'Avenue Paulista, inaugurée en 1891 et choisie par la population comme symbole de la ville en 1990.

Detalhe da Avenida
Paulista.
Em primeiro plano,
o edifício-sede
da Federação
das Indústrias
do Estado de
São Paulo (FIESP).

*Detail of Paulista
Avenue. In the
foreground is the
head office of the
São Paulo State
Federation of
Industries (FIESP).*

*Detalle de la
Avenida Paulista.
En primer plano, el
edificio sede de la
Federación de las
Industrias del
Estado de São
Paulo (FIESP).*

*Détail de l'Avenue
Paulista. Au
premier plan,
l'immeuble où se
trouve le siège de la
Fédération des
Industries de l'État
de São Paulo
(FIESP).*

Edifício Itália.
Com 47 andares,
é o mais alto da
América do Sul.
Foi projetado por
A. Franz Heep e
inaugurado em
1965.

*Itália Building.
At 47 floors, this
is still the tallest
building in South
America. It was
designed by
A. Franz Heep
and inaugurated
in 1965.*

*Edificio Itália.
Con 47 pisos, es el
edificio más alto de
América del Sur.
El proyecto
arquitectónico se debe
a A. Franz Heep. Fue
inaugurado en 1965.*

*Bâtiment Itália. Avec
ses 47 étages, c'est
l'immeuble le plus
élevé de l'Amérique
du Sud. Dessiné par
A. Franz Heep, il a
été inauguré en
1965.*

Edifício Copan, a maior estrutura de concreto do País, projetado por Oscar Niemeyer e inaugurado em 1966.

Copan Building, the largest concrete structure in the country, designed by Oscar Niemeyer and inaugurated in 1966.

Edificio Copan. Es la mayor estructura de hormigón del país. Fue proyectado por Oscar Niemeyer e inaugurado en 1966.

Bâtiment Copan, la plus grande structure en béton au Brésil, dessiné par Oscar Niemeyer et inauguré en 1966.

Conjunto arquitetônico Conde Prates.
Ao fundo, o Edifício Sampaio Moreira,
primeiro arranha-céu de São Paulo (1924).

Count Prates architectonic group. In the
background Sampaio Moreira building, the
first sky-scraper in São Paulo (1924).

Conjunto arquitectónico Conde Prates. Al
fondo, el edificio Sampaio Moreira, el primer
rascacielos de São Paulo (1924).

Ensemble architectural Conde Prates. En
arrière-plan, on aperçoit le bâtiment Sampaio
Moreira, premier gratte-ciel de São Paulo
(1924).

Na Avenida Paulista, detalhe de residência *art nouveau*, estilo típico das mansões dos barões do café do início do século XX.

Detail of an art nouveau *house on Paulista Avenue, this was a typical style house for the coffee barons of the beginning of the XX century.*

En la Avenida Paulista, detalle de una residencia art nouveau, *estilo característico de las mansiones de los barones del café, a comienzos del siglo XX.*

Sur l'Avenue Paulista, détail d'une résidence art nouveau, style caractéristique des résidences des barons du café du début du XXème siècle.

Palácio dos
Campos Elíseos.
Inaugurado em
1899 e sede do
governo do Estado
de São Paulo no
período de
1912 a 1971.

*Campos Elíseos
Palace.
Inaugurated in
1899, it served as
the head office of
the government of
the State of
São Paulo from
1912 to 1971.*

*Palacio de los
Campos Elíseos.
Inaugurado en
1899, fue sede del
gobierno del Estado
de São Paulo entre
1912 y 1971.*

*Palace des Campos
Elíseos. Inauguré en
1899, il servit de
siège au
gouvernement de
l'État de São Paulo
entre 1912 et 1971.*

Praça Ramos de Azevedo, nomeada em homenagem ao arquiteto e construtor paulista Francisco de Paula Ramos de Azevedo.

Ramos de Azevedo Square, named after Paulista architect and builder Francisco de Paula Ramos de Azevedo.

Plaza Ramos de Azevedo, así bautizada en honor del arquitecto y constructor paulista Francisco de Paula Ramos de Azevedo.

Place Ramos de Azevedo, dont le nom est un hommage à l'architecte et constructeur pauliste Francisco de Paula Ramos de Azevedo.

Jardim da Luz,
o mais antigo da
cidade, inaugurado
em 1798 como
jardim botânico e
transformado em
jardim público em
1825.

*Luz Garden, the
oldest public garden
in the city.
Inaugurated in
1798 as the
botanical garden, it
was transformed
into a public
garden in 1825.*

*Jardín de la Luz, el
más antiguo de la
ciudad, inaugurado
en 1798 como
jardín botánico y
convertido en
jardín público en
1825.*

*Jardin de la Luz, le
jardin public le plus
ancien de la ville.
Inauguré en 1798
comme jardin
botanique, il a été
transformé en
jardin public en
1825.*

Pinacoteca do Estado, projetada e construída em 1897 por Francisco de Paula Ramos de Azevedo. Em 1905, tornou-se o primeiro museu de arte de São Paulo.

State Pinacotheca, designed and built in 1897 by Francisco de Paula Ramos de Azevedo. In 1905 it became São Paulo's first art museum.

Pinacoteca del Estado, proyectada y edificada en 1897 por Francisco de Paula Ramos de Azevedo. En 1905 se convierte en el primer museo de arte de São Paulo.

Pinacothèque de l'État, dessinée et construite en 1897 par Francisco de Paula Ramos de Azevedo. En 1905, cet édifice est devenuu le premier musée d'art de São Paulo.

Museu Paulista ou do Ipiranga. Inaugurado em 1895 no Parque da Independência, onde foi proclamada a independência do Brasil.

Paulista, or Ipiranga Museum. Inaugurated in 1895 in Independence Park, the location where Brazilian independence was proclaimed.

Museo Paulista, también llamado de Ipiranga. Se inauguró en 1895 en el Parque de la Independencia, donde fue proclamada la independencia de Brasil.

Musée Paulista ou de l'Ipiranga. Inauguré en 1895 dans le Parc de l'Indépendance où fut proclamée l'indépendance du Brésil.

Vista de São
Paulo a partir
do viaduto
da Avenida
dr. Arnaldo.
Ao fundo, a Serra
da Cantareira.

*View of São Paulo
from dr. Arnaldo
Avenue. In the
background,
Cantareira
mountain range.*

*Vista de São Paulo
desde el viaducto
de la Avenida
dr. Arnaldo.
Al fondo, la Sierra
de la Cantareira.*

*Vue de São Paulo
prise du viaduc
de l'Avenue
dr. Arnaldo.
A l'arrière-plan,
la colline de la
Cantareira.*

Parque do Ibirapuera. Criado em 1954 em comemoração aos 400 anos da cidade. Projeto de Oscar Niemeyer e de Roberto Burle Marx.

Ibirapuera Park. Created in 1954 in commemoration of the 400 years since the foundation of the city. Designed by Oscar Niemeyer and Roberto Burle Marx.

Parque de Ibirapuera. Creado en 1954 en conmemoración del cuarto centenario de la ciudad. El proyecto es de Oscar Niemeyer y de Roberto Burle Marx.

Parc d'Ibirapuera. Créé en 1954 pour commémorer le quadri-centenaire de la ville. Projet d'Oscar Niemeyer et de Roberto Burle Marx.

Vista aérea do Estádio Municipal Paulo Machado de Carvalho, na Praça Charles Miller, no bairro do Pacaembu. Inaugurado em 1940.

Aerial view of Municipal Stadium Paulo Machado de Carvalho on Charles Miller Square, in the Pacaembu neighborhood. Inaugurated in1940.

Vista aérea del Estadio Municipal Paulo Machado de Carvalho, en la Plaza Charles Miller, en el barrio de Pacaembu. Inaugurado en 1940.

Vue aérienne du Stade Municipal Paulo Machado de Carvalho situé sur la Place Charles Miller, dans le quartier du Pacaembu. Inauguré en 1940.

Vista aérea
do Parque do
Ibirapuera com,
entre outros,
o monumento aos
mortos da revolução
constitucionalista
e o Pavilhão
da Bienal.

*Aerial view of
Ibirapuera Park
showing, among others,
the monument for
those who died in
the constitutional
revolution and
Pavillion of the Bienal.*

*Vista aérea del Parque
de Ibirapuera. Pueden
apreciarse, entre otros,
el monumento
a los muertos
de la revolución
constitucionalista
y el Pabellón
de la Bienal.*

*Vue aérienne du Parc
d'Ibirapuera avec,
entre autres, le
monument au morts
de la révolution
constitutionaliste
et le Pavillon
de la Biennale.*

Edifício BANESPA, inaugurado em 1947. Mantém em sua torre um belvedere com livre acesso ao público.

BANESPA building. Inaugurated in 1947, it has a tower terrace which is open to the public.

Edificio BANESPA. Se inauguró en 1947. Cuenta en su torre con un mirador abierto al público.

Bâtiment BANESPA. Inauguré en 1947, sa tour possède un belvédère accessible au public.

Largo São Francisco, onde está situado o prédio da Faculdade de Direito da Universidade de São Paulo, inaugurada em 1827.

São Francisco Plaza, where São Paulo University Law School, inaugurated in 1827, is located.

Largo de San Francisco, donde se encuentra la Facultad de Derecho de la Universidad de São Paulo, inaugurada en 1827.

Place de São Francisco, où se trouve le bâtiment de la Faculté de Droit de l'Université de São Paulo, inaugurée en 1827.

Praça da República. Originalmente Campos dos Curros. Em 1889, em homenagem à Proclamação da República, recebeu o nome atual.

Republic Square. Originally named Campos dos Curros. It got its current name in 1889, in homage to the Proclamation of the Republic.

Plaza de la República, llamada originalmente Campos dos Curros. Recibió el nombre actual en 1889, en homenaje a la Proclamación de la República.

Place de la République. Originellement Campos dos Curros. En 1889, en hommage à la Proclamation de la République, cette place reçut son nom actuel.

Biblioteca Mário de Andrade. Seu prédio, no estilo *art déco*, é de 1942. Abriga uma das mais importantes coleções de obras raras da América do Sul.

Mário de Andrade library. The building, in art deco style, dates to 1942. It houses one of the most important collections of rare books in South America.

Biblioteca Mário de Andrade. El edificio, de 1942, es de estilo art decó. Alberga una de las más importantes colecciones de obras raras de América del Sur.

Bibliothèque Mário de Andrade. Le bâtiment, de style art déco, date de 1942. Il abrite l'une des plus importantes collections de livres rares d'Amérique du Sud.

Teatro São Pedro, no estilo *art nouveau*.
É o segundo mais antigo da cidade, estando
em atividade desde a sua fundação, em 1917.

São Pedro theater, in art nouveau style.
It is the second oldest in the city, operating
since its foundation in 1917.

Teatro San Pedro, de estilo art nouveau.
Es el segundo más antiguo de la ciudad,
en actividad desde su fundación en 1917.

Théâtre São Pedro, de style art nouveau.
C'est le deuxième théâtre créé à São Paulo
en activité depuis sa fondation en 1917.

Estação Júlio Prestes. Inaugurada em 1938.
Projeto do engenheiro Samuel das Neves
e do arquiteto Christiano Stockler das Neves.

Júlio Prestes Station. Inaugurated in 1938.
Designed by engineer Samuel das Neves and
architect Christiano Stockler das Neves.

Estación Júlio Prestes. Inaugurada en 1938.
El proyecto es del ingeniero Samuel das Neves
y del arquitecto Christiano Stockler das Neves.

Gare Júlio Prestes. Inaugurée en 1938.
Projet de l'ingénieur Samuel das Neves
et de l'architecte Christiano Stockler das Neves.

Sala São Paulo, na
Estação Júlio Prestes.
Projetada por Nelson
Dupré e inaugurada
em 2000. É sede da
Orquestra Sinfônica
do Estado
de São Paulo.

Sala São Paulo, in
Júlio Prestes Station.
Designed by Nelson
Dupré and
inaugurated in 2000.
It is the head office of
the São Paulo State
Symphonic Orchestra.

Sala São Paulo, en
la Estación Júlio
Prestes. Proyectada
por Nelson Dupré e
inaugurada en el
2000. Es la sede de
la Orquesta
Sinfônica del Estado
de São Paulo.

Salle São Paulo dans
la Gare Júlio Prestes.
Conçue par Nelson
Dupré et inaugurée
en l'an 2000. C'est
le siège de l'Orchestre
Symphonique de
l'État de São Paulo.

Capela do Colégio São Luís, construída em 1943, na Avenida Paulista.

São Luís School Chapel, built in 1943, on Paulista Avenue.

Capilla del Colegio San Luis, construida en 1943, en plena Avenida Paulista.

Chapelle du Collège São Luis, construite en 1943 sur l'Avenue Paulista.

O Edifício Martinelli, de 26 andares, teve sua construção iniciada em 1923, pelo Comendador Giuseppe Martinelli, e foi inaugurado em 1934.

Martinelli Building, at 26 floors, started being built by Giuseppe Martinelli in 1923, and was inaugurated in 1934.

Edificio Martinelli, de 26 pisos. Fue iniciada su construcción por el Comendador Giuseppe Martinelli, en 1923, inaugurándose en 1934.

Le bâtiment Martinelli de 26 étages commença à être construit en 1923 par le Commandeur Giuseppe Martinelli et fut inauguré en 1934.

Estação Sé do Metrô, entroncamento principal do sistema de transporte metropolitano de São Paulo, onde passam diariamente 650 mil passageiros.

Sé subway station, main crossing point of the metropolitan transport system in São Paulo, through which 650 thousand passengers cross each day.

Estación Sé del Metro, enlace principal de la red de transporte metropolitano de São Paulo. Por aquí pasan diariamente 650 mil pasajeros.

Station de Métro Sé, point de jonction principal du système de métro de São Paulo où transitent quotidiennement 650 mille usagers.

Shopping Pátio
Higienópolis.
O mais
contemporâneo
centro comercial
da cidade.

*Pátio Higienópolis
shopping center.
The most modern
commercial center
in the city.*

*El Centro Comercial
Patio Higienópolis
es el más
contemporáneo
de la ciudad.*

*Centre Commercial
Patio Higienópolis.
Le centre
commercial le plus
récent de la ville.*

38

Casarão *art nouveau* do início do século XIX, no bairro dos Campos Elíseos, típica residência da aristocracia paulistana.

Art nouveau *house from the beginning of the XIX century, in the neighborhood of Campos Elíseos, typical of the São Paulo aristocracy.*

Mansión art nouveau *de inicios del siglo XIX, en el barrio de los Campos Elíseos, típica residencia de la aristocracia paulistana.*

Grande demeure art nouveau du début du XIXème siècle dans le quartier des Campos Elíseos, résidence typique de l'aristocratie paulistaine.

Rua Gonçalo Afonso, conhecida como beco dos grafites, localizada na região oeste da cidade, no bairro dos artistas Vila Madalena.

Gonçalo Afonso Street, known as graffiti alley, in the western region of the city, in the artist neighborhood of Vila Madalena.

Rua Gonçalo Afonso, conocida como rincón de los grafitos. Se encuentra en la región oeste de la ciudad, en Vila Madalena, el barrio de los artistas.

Rue Gonçalo Afonso, connue comme l'allée des graffiti, située dans la région ouest de la ville, dans le quartier des artistes de la Vila Madalena.

Viaduto do Chá. É o mais antigo da cidade (1892). Seu nome vem das numerosas plantações de chá existentes no Vale do Rio Anhangabaú no século XIX.

Viaduto do Chá (Tea Viaduct) is the oldest in the city (1892). It got its name from the large number of tea plantations in Anhangabaú Valley during the XIX century.

Viaducto del Chá. Es el más antiguo de la ciudad, data de 1892. Recibe el nombre de las numerosas plantaciones de té (chá) que existían en el Valle del Río Anhangabaú en el siglo XIX.

Viaduto do Chá (Pont du Thé). C'est le pont le plus ancien de la ville (1892). Son nom vient des nombreuses plantations de thé qui parsemaient le Val de l'Anhagabaú au XIXème siècle.

Vista aérea do
Museu de Arte de
São Paulo Assis
Chateaubriand
(MASP), projetado
por Lina Bo Bardi.

Aerial view of the
Assis Chateaubriand
São Paulo Art
Museum (MASP),
designed by
Lina Bo Bardi.

Vista aérea
del Museo de Arte
de São Paulo Assis
Chateaubriand
(MASP), proyectado
por Lina Bo Bardi.

Vue aérienne
du Musée d'Art
de São Paulo Assis
Chateaubriand
(MASP). Les plans
ont été dessinés
par l'architecte
Lina Bo Bardi.

Vale do
Anhangabaú.
Antiga
propriedade do
Barão de
Itapetininga.
Foi reurbanizado
em 1985.

Anhangabaú
Valley. Previously
property of the
Baron of
Itapetininga.
The area was
reurbanized in
1985.

Valle del
Anhangabaú.
Antigua propiedad
del Baron de
Itapetininga. Se
reurbanizó en
1985.

Val de
l'Anhangabaú.
Ancienne propriété
du Baron
d'Itapetininga.
Rénové en 1985.

Vista aérea da Avenida Paulista. Foi a primeira via pública asfaltada e arborizada em São Paulo.

Aerial view of Paulista Avenue. This was the first street in São Paulo to be tarmaced and to have trees planted on it.

Vista aérea de la Avenida Paulista. Fue la primera vía pública asfaltada y arborizada en São Paulo

Vue aérienne de l'Avenue Paulista. C'est la première voie publique qui fut revêtue d'asphalte et plantée d'arbres à São Paulo.

Moema, bairro da zona sul da cidade. Nos últimos vinte anos, teve rápido adensamento residencial de alto padrão, acompanhado da explosão de novos negócios.

Moema, neighborhood in the south zone of the city. During the last twenty years the area had a large increase of high class residential housing, following the explosion of new business.

Moema, barrio de la zona sur de la ciudad. En los últimos 20 años ha experimentado una gran concentración de residencias de lujo y de nuevos negocios.

Moema, dans la zone sud de la ville. Ces vingt dernières années, le secteur s'est transformé très rapidement en un quartier résidentiel de haut niveau suivi de la brusque apparition de nouveaux commerces.

Estação da Luz. A maior estação ferroviária da cidade foi construída em estilo vitoriano e inaugurada, em 1901, pela São Paulo Railway Company.

Luz (Light) Station. The largest train station in the city was built in Victorian style and inaugurated by São Paulo Railway Company in 1901.

Estación de la Luz, la mayor estación de ferrocarril de la ciudad. Fue construida en estilo victoriano e inaugurada en 1901 por la São Paulo Railway Company.

Gare de la Luz (Lumière). La plus grande gare de chemins de fer de la ville a été construite en style victorien et inaugurée en 1901 par la São Paulo Railway Company.

Detalhe de um pavilhão chinês, na Rua Conselheiro Furtado, no bairro da Liberdade.

Detail of a Chinese pavilion, on Conselheiro Furtado Street, in Liberdade neighborhood.

Detalle de una construcción china, en la Calle Conselheiro Furtado, en el barrio Liberdade.

Détail d'un pavillon chinois, situé dans la Rue Conselheiro Furtado, dans le quartier Liberdade.

Detalhe de sinalização urbana na Rua Galvão Bueno, coração do bairro oriental de São Paulo, a Liberdade.

Detail of street signs on Galvão Bueno Street, center of Liberdade, the oriental neighborhood in São Paulo.

Detalle de señales urbanas en la Calle Galvão Bueno, corazón del barrio oriental Liberdade, de São Paulo.

Détail d'un panneau de signalisation urbaine dans la Rue Galvão Bueno, au coeur du quartier oriental Liberdade, de São Paulo.

Vista noturna da Rua Bela Cintra e do bairro Jardim Paulista, na região oeste da cidade.

Night view of Bela Cintra Street, in the neighborhood of Jardim Paulista, western zone of the city.

Vista nocturna de la Calle Bela Cintra y del barrio Jardim Paulista, en la región oeste de la ciudad.

Vue nocturne de la Rue Bela Cintra et du quartier Jardim Paulista, dans la région ouest de la ville.

Represa de Guarapiranga. Está situada no bairro de Santo Amaro e possui estrutura para a prática de esportes náuticos.

Guarapiranga reservoir. The reservoir is situated in Santo Amaro neighborhood, and is prepared for the practice of nautical sports.

Pantano de Guarapiranga. Está situado en el barrio Santo Amaro y permite la práctica de deportes náuticos.

Barrage-Réservoir de Guarapiranga. Il est situé dans le quartier Santo Amaro et possède une structure appropriée à la pratique des sports nautiques.

Vista noturna do Vale do Anhangabaú.
Ao fundo, o Teatro Municipal, construído
por Ramos de Azevedo.

*Night view of Anhangabaú Valley. In the
background, Municipal Theater, built by
Ramos de Azevedo.*

Vista nocturna del Valle del Anhangabaú.
Al fondo, el Teatro Municipal, construido
por Ramos de Azevedo.

*Vue du Val de l'Anhangabaú la nuit.
Au fond, le Théâtre Municipal, construit
par Ramos de Azevedo.*

O Pico do Jaraguá,
no Parque Estadual
do Jaraguá, é reserva
ecológica da região
metropolitana. Com
1.135 metros, é
o ponto culminante
da cidade.

*Jaraguá Peak, in
Jaraguá State Park,
a metropolitan
region reservation.
At 1,135 meters, it
is the highest point
in the city*

*Pico del Jaraguá,
en el Parque del
Jaraguá, reserva
ecológica de la región
metropolitana. Con
sus 1.135 metros, es
el punto más elevado
de la ciudad.*

*Pic du Jaraguá,
dans le Parc d'État
du Jaraguá, réserve
écologique de la
grande banlieue de
São Paulo. Avec ses
1.135 mètres de
hauteur, c'est le
point culminant
de la ville.*

Rodovia dos Bandeirantes, principal ligação para região norte do Estado, onde se encontram cidades como Jundiaí e Campinas.

Bandeirantes Highway, main connection to the northern region of the State, and important cities like Jundiaí and Campinas.

Autopista de los Bandeirantes, principal enlace con la región norte del Estado, donde se encuentran ciudades como Jundiaí y Campinas.

Autoroute des Bandeirantes, principale liaison routière avec le nord de l'État de São Paulo, où l'on trouve des villes comme Jundiaí et Campinas.

Mogi das Cruzes.
Cidade do
"cinturão verde"
de São Paulo, é
a maior produtora
nacional de alface,
cogumelos,
orquídeas e
nêsperas.

*Mogi das Cruzes,
a city in the São
Paulo "green belt",
is the largest lettuce,
mushroom, orchid,
and loquat
producer in the
country.*

*Mogi das Cruzes.
Ciudad
perteneciente al
anillo verde de São
Paulo, es la mayor
productora nacional
de lechuga, setas,
orquídeas y nísperos.*

*Mogi das Cruzes.
Ville de la "ceinture
verte" de São Paulo,
la plus grande
productrice de
laitues,
champignons,
orchidées et prunes
du pays.*

Rio Tiête, no trecho de Poá, na Grande São Paulo. Ele foi a via de acesso das expedições dos bandeirantes paulistas ao centro-oeste do País.

Aerial view of Tietê River, near Poá, in Greater São Paulo. The river was the route of access the Bandeirantes used to explore the center-west of the country.

Río Tietê, a la altura de Poá, en la Grande São Paulo. Fue la vía de acceso de las expediciones de los bandeirantes paulistas a las regiones centro y oeste del país.

Le Fleuve Tietê, dans la partie qui coule à Poá, grande banlieue de São Paulo. Il fut la voie d'accès des expéditions de bandeirantes (pionniers) paulistes au centre-ouest du Brésil.

Cascata na
Estrada dos
Romeiros, antiga
estrada de Itu, em
Cabreúva.

*Waterfall on
Estrada dos
Romeiros (Pilgrim
Road), formerly
Itu road, near
Cabreúva.*

*Cascada en la
carretera de los
Romeiros, antigua
carretera de Itu,
en Cabreúva.*

*Cascade sur la
Route des
Romeiros,
ancienne route
d'Itu à Cabreúva.*

Fundada em 1580,
Santana de
Parnaíba é uma das
vilas mais antigas
do Estado, com
casarões coloniais
dos séculos XVIII e
XIX.

Founded in 1580,
Santana de
Parnaíba is one of
the most ancient
villages in the State,
with
colonial houses of the
XVIII and XIX
centuries.

Santana de
Parnaíba, fundada
en 1580, es una de
las villas más
antiguas del Estado.
Su casco viejo
conserva casonas
coloniales de los
siglos XVIII y XIX.

Fondé en 1580,
Santana de
Parnaíba est l'un des
bourgs les plus
anciens de l'État et
possède des
demeures coloniales
du XVIIIème et
XIXème siècle.

Detalhe da produção de pinga em alambique do século XVIII. A qualidade das cachaças tornou a região de Cabreúva conhecida como "Terra da Pinga".

Detail of cane spirit (pinga) production in an XVIII century still. The quality of Cabreúva cane spirit gave the place the name of "Land of Pinga".

Detalle de la elaboración de la pinga (aguardiente) en un alambique del siglo XVIII. La calidad de sus aguardientes ha hecho que la región de Cabreúva sea conocida como Tierra de la Pinga.

Détail de la production d'eau-de-vie de canne à sucre dans un alambic du XVIIIᵐᵉ siècle. La qualité des eaux-de-vie a fait connaître la région de Cabreúva comme "Terre de la Gnôle".

Usina-parque de
Salesópolis.
Foi inaugurada
em 1913, em área
de preservação
ambiental.

*Salesópolis
Park-plant.
Inaugurated in
1913 in a wildlife
preservation area.*

*Antigua central
hidroeléctrica
Salesópolis,
convertida en
parque. Fue
inaugurada en
1913, en un área
de protección
ambiental.*

*Usine-Parc de
Salesópolis.
Inaugurée en
1913 dans une
zone de
préservation de
l'environnement.*

Antiga vila
de garimpo, Bom
Jesus de Pirapora
se tornou centro de
romarias, a partir
de 1724, quando
uma imagem de
Jesus foi encontrada
no Rio Tietê.

*Formerly a mining
village, Bom Jesus
de Pirapora has
been a center for
pilgrimage since
1724, when an
image of Jesus was
found in Tietê River.*

*Antigua aldea de
explotación
diamantífera,
Bom Jesus de Pirapora,
convertida en lugar
de romerías a partir
de 1724, cuando se
encontró en el Río
Tietê una imagen de
Jesús.*

*Ancien bourg minier,
Bom Jesus de
Pirapora est devenu
un centre de
pélerinage à partir de
1724 lorsqu'une
statuette de Jésus fut
trouvée dans le Tietê.*

Vista aérea de plantações de café e
cana-de-açúcar na região de Botucatu,
centro-sul do Estado de São Paulo.

*Aerial view of coffee and sugar-cane
plantations in the Botucatu region,
center-south of the State of São Paulo.*

*Vista aérea de plantaciones de café y caña de
azúcar en la región de Botucatu, en el centro
sur del Estado de São Paulo.*

*Vue aérienne de plantations de café et de
canne à sucre dans la région de Botucatu,
centre-sud de l'État de São Paulo.*

Fazenda Moinho,
em Porto Feliz,
centro-leste do
Estado. Deste local
partiam as expedições
dos bandeirantes que
desbravaram
o interior do Brasil.

*Moinho Farm
in Porto Feliz,
center-east of the
State. It was from
this city that the
Bandeirantes started
their expeditions for
exploration of the
Brazilian interior.*

*Hacienda Moinho,
en Porto Feliz, en la
región centro-este del
Estado. De aquí
partían las expediciones
de los bandeirantes
que exploraban
el interior de Brasil.*

*Ferme Moinho à
Porto Feliz,
centre-est de l'État d'où
sont parties les
expéditions des
bandeirantes
(pionniers) pour
explorer les terres
de l'intérieur du Brésil.*

Detalhe de antiga residência em Itu, conhecida como Casa Imperial por ter hospedado a Princesa Isabel e o Conde d'Eu em 1884.

Detail of an ancient home in Itu, known as the Imperial Home after having housed Princess Isabel and Count d'Eu in 1884.

Detalle de una antigua residencia en Itu, conocida como Casa Imperial, tras haber hospedado a la Princesa Isabel y al Conde d'Eu, en 1884.

Détail d'une résidence ancienne d'Itu, connue sous le nom de Maison Impériale après que la Princesse Isabel et le Comte d'Eu y furent hébergés en 1884.

Rafting na região de São Luís do Paraitinga, cidade cravada na Serra do Mar, entre os municípios de Taubaté e Ubatuba.

Rafting in the region of São Luís do Paraitinga, a city in the Serra do Mar mountain range, between the municipalities of Taubaté and Ubatuba.

Práctica de rafting *en la región de São Luís do Paraitinga, ciudad enclavada en la Sierra del Mar, entre los municipios de Taubaté y Ubatuba.*

Rafting *dans la région de São Luís do Paraitinga, ville enchâssée dans la Serra do Mar entre les agglomérations de Taubaté et Ubatuba.*

Estes bonecos gigantes percorrem, há mais de um século, as ruas de São Luís do Paraitinga, divertindo o público nas festas populares.

These giant dolls have been going down the streets of São Luís do Paraitinga for over a century giving the public enjoyment at popular festivities.

Estos gigantones llevan más de un siglo recorriendo las calles de São Luís do Paraitinga, divirtiendo a las gentes en las fiestas populares.

Ces marionnettes géantes parcourent depuis plus d'un siècle les rues de São Luís do Paraitinga pour le plus grand plaisir du public lors des fêtes populaires.

Fachada de casario colonial em São Luís do Paraitinga, sede de um dos maiores conjuntos arquitetônicos dos séculos XVIII e XIX do Estado.

Front of a colonial house in São Luís do Paraitinga, site of one of the largest collections of XVIII and XIX centuries architecture in the State.

Fachada de un caserío colonial en São Luís do Paraitinga, donde se encuentra uno de los mejores conjuntos arquitectónicos de los siglos XVIII y XIX del Estado.

Façade d'une demeure coloniale à São Luís do Paraitinga, siège de l'un des plus grands ensembles architecturaux de l'État, datant du XVIIIème et du XIXème siècle.

Mata de
araucária,
vegetação típica
da Serra da
Mantiqueira.

*Brazilian pine
forest, typical
vegetation of the
Mantiqueira
Mountain range.*

*Bosque
de araucaria,
vegetación
característica
de la Sierra de la
Mantiqueira.*

*Forêt d'araucarias,
végétation typique
de la Montagne de
la Mantiqueira.*

Hotel Glória, na estância hidromineral de
Águas de Lindóia, cuja propriedade radioativa
das águas é conhecida internacionalmente
por suas qualidades terapêuticas.

*Hotel Glória, in the water resort of Águas de
Lindóia, which has the radioactive quality
of its waters internationally renowned for its
therapeutic value.*

Hotel Glória, en el balneario de Águas
de Lindóia. La calidad mineral de sus aguas
es reconocida internacionalmente por sus
benéficas propriedades radiactivas.

*Hôtel Glória, située dans la ville thermale
d'Águas de Lindóia, dont la propriété
radio-active des eaux minérales est connue dans
le monde entier pour ses vertus thérapeutiques.*

Os passeios
turísticos nos
navios fluviais são
a grande atração
da cidade de
Barra Bonita.

*Touristic trips on
riverboats is the
greatest attraction
in the city of
Barra Bonita.*

*Los paseos en barco
por el río son la
gran atracción
turística de la
ciudad de
Barra Bonita.*

*Les promenades
touristiques à bord
de bateaux
représentent la
grande attraction
de la ville de
Barra Bonita.*

Antiga Colônia Militar (1860), em Salto de Itapura, que serviu como base naval na Guerra do Paraguai.

Former Military Colony (1860), in Salto de Itapura, which served as a naval base during the war against Paraguay.

Antiguo cuartel militar (1860) en Salto de Itapura. Fue base naval durante la Guerra contra Paraguay.

Ancienne Colonie Militaire (1860) à Salto de Itapura qui servit de base navale pendant la Guerre du Paraguay.

Prainha artificial na cidade de Arealva, construída às margens das águas represadas da hidrelétrica de Ibitinga.

Artificial beach in the city of Arealva, built on the banks of the Ibitinga barrage.

Pequeña playa artificial en la ciudad de Arealva, hecha a orillas de la presa de Ibitinga.

Petite plage artificielle dans la ville d'Arealva, construite aux bords du barrage de l'usine hydro-électrique d'Ibitinga.

Represa de Avanhandava, localizada no município com mesmo nome.

Avanhandava dam, located in the city by the same name.

Salto de Avanhandava, en el municipio del mismo nombre.

Réservoir d'Avanhandava, situé dans la localité du même nom.

Sede da Fazenda Resgate, em Bananal. É o mais importante exemplo da arquitetura rural do ciclo do café vale-paraibano.

Headquarters of Resgate farm, in Bananal, the most important example of rural architecture during the coffee cycle in the Paraíba Valley.

Edificio sede de la Hacienda Resgate, en Bananal. Representa el más importante ejemplo de arquitectura rural del periodo del café vale-paraibano.

Siège de la propriété agricole Resgate à Bananal, exemple le plus important de l'architecture rurale du cycle économique du café du Val de la Paraíba.

Salão Azul da
Fazenda Resgate.
Suas paredes
foram pintadas,
em 1858, pelo
artista espanhol
José Maria
Villaronga.

*Blue Room in
Resgate farm. The
wall paintings
were made in
1858 by Spanish
painter José Maria
Villaronga.*

*Salón Azul de la
Hacienda Resgate.
Pintó los muros
el artista español
José María
Villaronga, en
1858.*

*Salon Bleu du
corps de ferme
Resgate. Ses murs
ont été peints en
1858 par l'artiste
espagnol José
Maria Villaronga.*

Importada da Bélgica pelos barões do café e construída em sistema modular, a Estação Ferroviária de Bananal é a única do gênero na América Latina.

Imported from Belgium by the coffee barons, the old Bananal railway station was built in modules, the only one in this style in Latin America.

Importada de Bélgica por los barones del café y construida en sistema modular, la Estación de ferrocarril de Bananal es única en su especie en América Latina.

Importée de Belgique par les barons du café et construite selon un système de modules, la gare ferroviaire de Bananal est le seul exemplaire de ce genre en Amérique Latine.

Trilha do Ouro, antiga e importante via de acesso aos portos do litoral para o transporte de ouro e outras mercadorias no século XVIII.

Gold Route, ancient and important route to coastal ports used for the transport of gold and other goods during the XVIII century.

Senda del Oro, antigua e importante vía de acceso a los puertos de la costa. Por ella se transportaba el oro y otras mercancías en el siglo XVIII.

Piste de l'Or, ancienne et importante voie d'accès aux ports du littoral servant au transport de l'or et des autres marchandises au XVIIIeme siècle.

Serra da Bocaina, a maior reserva contínua de Mata Atlântica no País, onde se encontram espécies raras e em extinção, como o palmito-juçara e as bromélias.

Bocaina mountain range, the largest continuous Atlantic Forest reservation in the country, where species that are rare and under the threat of extinction may be found, such as the juçara palm and bromeliads.

Sierra de la Bocaina, la mayor reserva continua de bosque atlántico del país, donde pueden encontrarse especies raras, algunas en extinción, como el palmito-juçara y las bromelias.

Serra (montagne) de la Bocaina, la plus grande réserve de forêt atlantique au Brésil, où l'on peut trouver des espèces rares, en voie d'extinction telles que les coeurs de palmier juçara, et les broméliacées.

Cair da tarde
numa fazenda
de gado na região
serrana de São
Manoel.

*Dusk at a cattle
farm in the
mountain region
of São Manoel.*

*Atardecer en una
finca de ganado,
en la región serrana
de São Manoel.*

*Tombée de la nuit
sur une ferme
d'élevage de bétail
de la région
montagneuse
de São Manoel.*

Caraguatatuba, cidade do litoral norte, com 40 km de praias. Na praia do centro, vêem-se garças ao redor dos barcos pesqueiros.

Caraguatatuba city, on the north coast, with 40 km of beaches. On the center beach herons may be seen surrounding the fishing boats.

Caraguatatuba, ciudad del litoral norte que cuenta con 40 km de playas. En la playa del centro pueden verse garzas alrededor de los barcos pesqueros.

Caraguatatuba, ville du littoral nord possédant 40 km de plages. Sur la plage du centre, on peut voir des hérons suivant les bateaux de pêcheurs.

Itamambuca, pedra grande em tupi-guarani, uma das 80 praias de Ubatuba, onde são realizados torneios internacionais de surfe.

Itamambuca, which means large stone in tupi-guarani, one of the 80 beaches of Ubatuba, where international surf competitions take place.

Itamambuca, piedra grande en la lengua tupi-guarani, una de las 80 playas de Ubatuba. Aquí se celebran torneos internacionales de surf.

Itamambuca, grande pierre en tupi-guarani, l'une des 80 plages d'Ubatuba où sont organisés des championnats internationaux de surf.

Cachoeira da Escada, ao norte de Ubatuba. Localizada junto à rodovia Rio-Santos, uma das mais exuberantes estradas paisagísticas do País.

Escada (Stair) Waterfall, to the north of Ubatuba. Situated near the Rio-Santos highway, one of the most exuberant sightseeing highways in the country.

Cascada de la Escada, al norte del municipio de Ubatuba, junto a la carretera Rio-Santos, una de las más exuberantes rutas paisajísticas del país.

Cascade d'Escada, au nord d'Ubatuba. Située le long de la route Rio-Santos, l'une des routes les plus exubérantes du Brésil.

Ubatumirim. Praia de pescadores no litoral norte, em área de preservação ambiental do Parque Estadual da Serra do Mar.

Ubatumirim. Fishing beach on the north shore, in an area preserved by the Serra do Mar State Park.

Ubatumirim. Playa de pescadores en el litoral norte, en el área de protección ambiental del Parque de la Sierra del Mar.

Ubatumirim. Plage de pêcheurs située sur le littoral nord dans une zone de préservation de l'environnement du Parc d'État de la Serra do Mar.

Saco da Ribeira, protegida enseada do litoral norte, com a maior quantidade de embarcações ancoradas da região.

Saco da Ribeira, protected beach on the north shore, containing the largest number of anchored vessels in the region.

Saco da Ribeira, protegida ensenada en el litoral norte. Abriga el mayor número de embarcaciones ancladas de la región.

Calanque de la Ribeira, petite baie protégée du littoral nord où mouille la plus grande quantité d'embarcations de la région.

Enseada do Itaguá, praia do centro de Ubatuba, antiga aldeia dos índios tupinambás.

Itaguá Beach, in central Ubatuba, formerly a Tupinambá Indian tribe.

Ensenada del Itaguá, playa del centro de Ubatuba, antigua aldea de los indios tupinambás.

Baie d'Itaguá, plage du centre d'Ubatuba, ancien village des Indiens Tupinambás.

Praia de Garapocaia, na Ilha de São Sebastião, conhecida como Praia do Sino por causa da enorme pedra que emite som metálico quando golpeada.

Garapocaia Beach, on São Sebastião Island, known as Praia do Sino (Bell Beach) due to a huge stone which makes a metallic sound when tapped.

Playa de Garapocaia, en la Isla de São Sebastião, conocida como Playa de la Campana por su enorme piedra que emite un sonido metálico al ser golpeada.

Plage de Garapocaia, sur l'Île de São Sebastião, connue sous le nom de Plage de la Cloche à cause de l'énorme pierre qui émet un son métallique lorsqu'on la heurte.

Saco da Capela, sede do Iate Clube de Ilhabela, onde ficam ancorados veleiros, lanchas e escunas.

Saco da Capela, location of the Ilhabela Yacht Club, where sailing boats, speed boats and schooners are docked.

Saco da Capela, sede del Club de Yate de Ilhabela, donde fondean veleros, lanchas y escunas.

Saco da Capela, siège du Yacht-Club d'Ilhabela, où mouillent voiliers, canots à moteur et goélettes.

Praia de Baraqueçaba, no balneário de São Sebastião. Por sua estrutura de turismo, é considerado uma das melhores opções de lazer dos paulistas.

Baraqueçaba Beach, in São Sebastião beach town. Due to its touristic structure, Paulistas consider the town one of the best places for leisure.

Playa de Baraqueçaba, en el balneario de São Sebastião. Su excelente infraestructura turística lo convierte en un inmejorable lugar de ocio para los paulistas.

Plage de Baraqueçaba, située dans la station balnéaire de São Sebastião. Son infra-structure touristique en fait une des meilleures options de loisirs pour les habitants de l'État de São Paulo.

Praia dos Castelhanos. No destaque, canoa caiçara na aldeia dos pescadores situada na reserva ecológica do Parque Estadual de Ilhabela.

Castelhanos Beach. In the detail, a fisherman's boat in the fishing village located in Ilhabela State Park ecological reservation.

Playa de los Castelhanos, con una canoa típica en la aldea de pescadores, situada en la reserva ecológica del Parque de Ilhabela.

Plage des Castillans. Dans l'encadré, canot des habitants du littoral dans le village de pêcheurs situé dans la réserve écologique du Parc d'Ilhabela.

Baía do Jabaquara, no extremo norte de Ilhabela. De águas serenas e transparentes, é um dos pontos mais requisitados para mergulho.

Jabaquara Bay, on the extreme north of Ilhabela. Due to its calm and transparent water, this is one of the most popular places for diving.

Bahía de Jabaquara, en el extremo norte de Ilhabela. Sus aguas calmas y transparentes hacen de ella uno de los lugares más escogidos para el buceo.

Baie de Jabaquara, à l'extrême nord d'Ilhabela. Ses eaux tranquilles et transparentes en font l'un des endroits les plus recherchés pour la plongée sous-marine.

Baía dos Castelhanos, no leste de Ilhabela. É a maior praia do arquipélago. Com mar agitado e grandes ondas, é ideal para a prática de surfe.

Castelhanos Bay, on the east of Ilhabela. This is the largest beach on the archipelago. With wild sea and large waves, it is an ideal place for surfing.

Bahía de los Castelhanos, al este de Ilhabela, es la mayor playa del archipiélago. Con mar encrespado, sus grandes olas son ideales para la práctica del surf.

Baie des Castillans située à l'est d'Ilhabela. C'est la plus grande plage de l'archipel. Ses eaux agitées et ses grandes vagues sont idéales pour la pratique du surf.

Terminal de petróleo Canal de São Sebastião, um dos canais naturais mais profundos do mundo, com 70 metros no seu trecho navegável central.

Bustling oil terminal in São Sebastião Channel, one of the deepest natural channels in the world, as deep as 70 meters in the central sailing area.

Terminal de petróleo Canal de São Sebastião, uno de los canales naturales más profundos del mundo, con 70 metros en su trecho navegable central.

Terminal de pétrole du Canal de São Sebastião, l'un des canaux naturels les plus profonds au monde, avec 70 mètres de profondeur dans sa partie navigable centrale.

O Estado de São Paulo situa-se na Região Sudeste do Brasil. Tem área de 248.808 km² e conta com 645 municípios. Sua população é de 36.969.476 habitantes (censo de 2000). O Estado é responsável por cerca de 40% da produção industrial nacional e orgulha-se de ter o maior parque industrial do País. É o 12º produtor mundial de automóveis.

Sua capital, São Paulo, é a maior cidade da América do Sul, o principal pólo econômico do País e a quarta cidade mais populosa do mundo, depois de Tóquio, Cidade do México e Bombaim. Destaca-se pelos enormes prédios de arquitetura arrojada e pela intensa vida artística e cultural. Sua área é de 1.525 km² e sua população, de 10.434.000 habitantes (censo 2000).

The State of São Paulo is located in the southeast region of Brazil. The State has an area of 248,808 km² and 645 municipalities. The population is 36,969,476 (according to the year 2000 census). The State is responsible for around 40% of Brazilian industrial production, and prides itself of the largest industrial park. The State is the 12th largest car producer in the world. The capital city, São Paulo, is the largest city in South America, the main economic pole in the country, and the fourth most populous city in the world, behind Tokyo, Mexico City and Bombay. Highlights in the city are its huge buildings, with state-of-the-art architecture and its intense artistic and cultural life. The city area is 1,525 km² and the population is 10,434,000 (according to the year 2000 census).

El Estado de São Paulo se encuentra en la región sudeste de Brasil. Cubre una extensión de 248.808 km² y cuenta con 645 municipios. Tiene una población de 36.969.476 habitantes (según el censo del 2000). El Estado es responsable de casi el 40% de la producción industrial nacional y se enorgullece de contar con el mayor parque industrial del país. Es el decimosegundo productor mundial de automóviles.

Su capital, São Paulo, es la mayor ciudad de Sudamérica, el principal centro económico del país y la cuarta ciudad más populosa del mundo, tras Tokio, México DF y Bombay. Destaca por la osadía arquitectónica de sus enormes edificios y por su intensa vida artística y cultural. Su extensión es de 1.525 km² y su población de 10.434.000 habitantes, según el censo del 2000.

L'État de São Paulo se situe dans la région sud-est du Brésil. Son territoire est de 248.808 km² et compte 645 municipalités. Sa population est de 36.969.476 habitants (en 2000). Il est responsable de 40% de la production industrielle nationale et se vante d'avoir le plus grand parc industriel du pays, étant le 12ᵉᵐᵉ producteur mondial d'automobiles.

Sa capitale, São Paulo, est la plus grande ville d'Amérique du Sud, principal pôle économique du pays et la quatrième ville du monde en population, après Tokio, México et Bombay. Elle est reconnue par les énormes buildings d'architecture audacieuse et par sa vie artistique et culturelle intense. Sa surface est de 1.525 km² et sa population, 10.434.000 habitants (en 2000).

Fotógrafo

Nascido em São Paulo, em 1950, Eduardo Amaral Castanho é fotógrafo desde 1971, trabalhando com fotos corporativas, editoriais e publicitárias. Atua também como professor, curador e pesquisador da história e da linguagem desse meio. É graduado pelo California Institute of the Arts em Comunicações Sociais, com especialização em fotografia e cinema, como bolsista da Fulbright Commission. Organizou e coordenou o departamento de fotografia do Centro Cultural São Paulo após sua inauguração; foi curador de fotografia do Museu da Imagem e do Som de São Paulo (1986 a 1991); curador dos artistas estrangeiros do São Paulo International Photo Meeting (1990 a 1995). Tem portfólios em coleções como: Museu de Arte de São Paulo – Coleção Pirelli-MASP (Brasil), Itaú Cultural (Brasil), Center For Creative Photography (Arizona, EUA), Centro Wifredo Lam (Havana, Cuba), Fototeca de La Habana (Havana, Cuba). Apresentou suas obras em exposições individuais e coletivas em Paris, Milão, São Paulo, Rio de Janeiro, Curitiba, Buenos Aires, Lima, Havana, Chicago, Los Angeles, Nova York e San Francisco.

Photographer

Born in São Paulo in 1950, and working with photography since 1971, Eduardo Amaral Castanho works in corporate, editorial and publicity photography, and is also a teacher, curator and researcher of the history and language of this means of expression. Graduated in Communications, with a specialization in Photography and Cinema from the Institute of the Arts with a Fulbright Commission scholarship. He organized and coordinated the photography department of the Centro Cultural São Paulo after its inauguration; was photographic curator for the São Paulo Image and Sound Museum from 1986 to 1991; was curator for foreign artists at the São Paulo International Photo Meeting (1990 to 1995). Eduardo Castanho has portfolios in the following collections: São Paulo Art Museum – Pirelli-MASP Collection (Brasil), Itaú Cultural (Brasil), Center For Creative Photography (Arizona, USA), Centro Wifredo Lam (Havana, Cuba), Fototeca de La Habana (Havana, Cuba); among others. He has exhibitted as an individual artist and in collective exhibitions in Paris, Milan, São Paulo, Rio de Janeiro, Curitiba, Buenos Aires, Lima, Havana, New York, San Francisco and Los Angeles.

Fotógrafo

Eduardo Amaral Castanho, nacido en São Paulo en 1950, es fotógrafo desde 1971. Trabaja en fotografía corporativa, editorial y publicitaria, y como profesor, comisario de exposiciones e investigador de la historia y lenguaje de este medio. Graduado en Comunicaciones Sociales, se especializa en fotografía y cine en el California Institute of the Arts, gracias a una beca de la Fulbright Commission. Ha organizado y coordinado el departamento de fotografía del Centro Cultural São Paulo, tras su inauguración; fue comisario de fotografía del Museu da Imagem e do Som de São Paulo entre 1986 y 1991; comisario de los artistas extranjeros del São Paulo International Photo Meeting, de 1990 a 1995. Sus carpetas están presentes en importantes colecciones como: Museu de Arte de São Paulo – Coleção Pirelli-MASP (Brasil), Itaú Cultural (Brasil), Center For Creative Photography (Arizona, EE.UU.), Centro Wifredo Lam (La Habana, Cuba), Fototeca de La Habana (Cuba). Numerosas han sido sus exposiciones individuales y colectivas destacando París, Milán, São Paulo, Río de Janeiro, Curitiba, Buenos Aires, Lima, La Habana, Los Ángeles, Nueva York, y San Francisco.

Photographe

Né à São Paulo en 1950, Eduardo Amaral Castanho, depuis 1970, fait de la photographie d'entreprise, de rédaction et de publicité. Il est également professeur, conservateur et chercheur en histoire et en langage de la photo. Il a reçu son diplôme de licence en Communication Sociale et s'est spécialisé en photographie et cinéma au California Institute of the Arts en tant que boursier de la Fulbright Comission. Il a organisé et coordonné le département de photographie du Centre Culturel São Paulo après son inauguration. Il a été également conservateur de photographies au Musée de l'Image et du Son de São Paulo de 1986 à 1991; conservateur des artistes étrangers de la Rencontre Internationale de Photo de São Paulo (de 1990 à 1995). Ses portfolios sont représentés dans les collections d'institutions telles que Museu de Arte de São Paulo – Collection Pirelli-MASP (Brésil), Itaú Cultural (Brésil), Center For Creative Photography (Arizona, USA), Centro Wifredo Lam (La Havane, Cuba), Fototeca de la Habana (La Havane, Cuba). Il a montré ses oeuvres dans des expositions aussi bien individuelles que collectives à Paris, Milan, São Paulo, Rio de Janeiro, Curitiba, Buenos Aires, Lima, La Havane, Chicago, Los Angeles, New York et San Francisco.

site: www.imagerfotografia.com.br – e-mail: atelier@imagerfotografia.com.br

Conheça mais o Brasil em outros livros da Escrituras Editora.
Learn more about Brazil in other books by Escrituras Editora.
Conozca más del Brasil con otros libros de Escrituras Editora.
Découvrez le Brésil à travers d'autres livres d'Escrituras Editora.

Brasil natureza & poesia
Brasil nature and poetry
ISBN: 85-7531-128-X

Fotos/*photos*:
**Iara Venanzi
e Luciano Candisani**

Tankas/*poems*:
Raimundo Gadelha

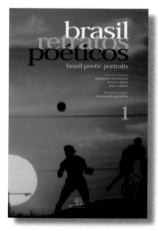

Brasil retratos poéticos 1
Brazil poetic portraits 1

ISBN: 85-86303-01-1

Poemas/*poems*/*poèmes*
Raimundo Gadelha

Fotos/*photos*
**Araquém Alcântara,
Bruno Alves e José Caldas**

Brasil retratos poéticos 2
Brazil poetic portraits 2

ISBN: 85-86303-98-4

Poemas/*poems*/*poèmes*
Raimundo Gadelha

Fotos/*photos*
**Edson Sato, Fabio Colombini,
Mauricio Simonetti e
Walter Firmo**

Brasil retratos poéticos 3
Brazil poetic portraits 3

ISBN: 85-7531-099-2

Poemas/*poems*/*poèmes*
Raimundo Gadelha

Fotos/*photos*
**Denise Greco, Iara Venanzi,
Juca Martins e
Luciano Candisani**

Brasil livro e postais
Brazil book and postcards
ISBN: 85-7531-197-2

Fotos/*photos*: **Eduardo Castanho,
Fabio Colombini, Mauricio
Simonetti, Miguel Aun, Rubens
Chaves, Walter Firmo, Zig Koch**

Brasil cores e sentimentos
Brazil colors and feelings
ISBN: 85-7531-010-0

Fotos/*photos*: **Araquém Alcântara**

Amazônia cores e sentimentos
Amazon colors and feelings
ISBN: 85-7531-033-X

Fotos/*photos*: **Leonide Principe**

Pantanal cores e sentimentos
Pantanal colors and feelings

ISBN: 85-7531-034-8

Fotos/*photos*: **Fabio Colombini**

Minas Gerais cores e sentimentos
Minas Gerais colors and feelings
cidades históricas   *historic towns*

ISBN: 85-7531-072-0

Fotos/*photos*: **Miguel Aun**

Pará cores e sentimentos
Pará colors and feelings

ISBN: 85-7531-120-4

Fotos/*photos*: **Geraldo Ramos e Octavio Cardoso**

Brasília e Goiás cores e sentimentos
Brasília and Goiás colors and feelings

ISBN: 85-7531-145-X

Fotos/*photos*: **Fabio Colombini**

Bahia cores e sentimentos
Bahia colors and feelings

ISBN: 85-7531-055-0

Fotos/*photos*: **Mauricio Simonetti e Victor Andrade**

Região Sul cores e sentimentos
South of Brazil colors and feelings

ISBN: 85-7531-073-9

Fotos/*photos*: **Rubens Chaves e Zig Koch**

Santa Catarina cores e sentimentos
Santa Catarina colors and feelings

ISBN: 85-7531-125-5

Fotos/*photos*: **José Paiva**

Pernambuco cores e sentimentos
Pernambuco colors and feelings

ISBN: 85-7531-116-6

Fotos/*photos*: **Leo Caldas e Alexandre Belém**

Rio de Janeiro cores e sentimentos
Rio de Janeiro colors and feelings

ISBN: 85-7531-032-1

Fotos/*photos*: **Walter Firmo**

Ceará cores e sentimentos
Ceará colors and feelings

ISBN: 85-7531-110-7

Fotos/*photos*: **Celso Oliveira e Tiago Santana**

Espírito Santo cores e sentimentos
Espírito Santo colors and feelings

ISBN: 85-7531-129-8

Fotos/*photos*: **Tadeu Bianconi**

Fernando de Noronha e Atol das Rocas cores e sentimentos
Fernando de Noronha and Atol das Rocas colors and feelings

ISBN: 85-7531-160-3

Fotos/*photos*: **Denise Greco e Eliana Fernandes**

www.escrituras.com.br

Impresso em São Paulo, SP, em março de 2006, nas oficinas da Lis Gráfica
em papel cuchê 150g/m². Composto em Agaramond, corpo 8.5pt.

Não encontrando este título nas livrarias,
solicite-o diretamente à editora.

Escrituras Editora e Distribuidora de Livros Ltda.
Rua Maestro Callia, 123 - Vila Mariana – 04012-100 São Paulo, SP
Telefax: (11) 5082-4190 - http://www.escrituras.com.br
e-mail: escrituras@escrituras.com.br (Administrativo)
e-mail: vendas@escrituras.com.br (Vendas)
e-mail: arte@escrituras.com.br (Arte)